Tiki

gezeichnet & geschrieben von Werner Tiki Küstenmacher

TIKIS EVANGELISCH-KATHOLISCH-BUCH

Hinweis: Dieses Buch erschien erstmalig 1996
in den Verlagen Calwer und Pattloch.

Bibliografische Information Der Deutschen Bibliothek
Die Deutsche Bibliothek verzeichnet diese Publikation in der
Deutschen Nationalbibliografie; detaillierte bibliografische Daten
sind im Internet über http://dnb.ddb.de abrufbar.

ISBN 978-3-7668-4104-9

2. Auflage 2013

Herstellung: Karin Klopfer, Calwer Verlag
Druck und Bindung: studiodruck Brändle GmbH, Nürtingen-Raidwangen

www.calwer.com
info@calwer.com

Uns Kerzen geht es wie euch Menschen: Wir können uns nicht selber anzünden. Und wenn wir nicht brennen, sind wir tot.
Ich verstehe.
Hurra! Ich habe eine Entzündung!
Befreit euch von euren Schulmappen! Wir haben eine große Reise vor uns.
Ich wette, ihr wisst nicht einmal, warum es verschiedene Kirchen gibt.
KATHOLISCHE KIRCHE ST. FRANZISKUS
EVANGELISCHE GEMEINDE ST. LUKAS
N-N-Nein. Aber können wir das nicht auf dem Boden klären?

Ach was. Wir reisen durch Zeit und Raum...
GO TO 44 n. Chr.
...in die Zeit, als die Kirche gerade entstand.
Jerusalem
Da wären wir. Hört leise zu!
Jesus ist gerade erst vor ein paar Jahren in den Himmel gefahren, und schon streitet ihr euch!
Mit Recht! Jesus war Jude, wir auch. Bevor ein Heide Christ wird, muss er erst Jude werden!
Aber nein! Jesus hat doch **Freiheit** gepredigt! **Jeder** kann zu ihm kommen
PETRUS
Original Jesus-Jünger
(Jerusalem)
PAULUS
Reisemissionar
(Rest der Welt)

Puh, das fängt ja nicht gerade friedlich an.
Wir sind auch zu einem besonders kniffligen Moment gekommen.
Haben die gleich zwei verschiedene Kirchen gegründet?
Beinahe. Aber ein paar Jahre später haben die Römer Jerusalem zerstört...
Judenchristen (in Jerusalem)
Heidenchristen
...und dadurch gab es fast nur noch Paulus-Anhänger.
Heidenchristen
Aus denen wurde dann die große Kirche?
Langsam, langsam. Es waren kleine Gemeinden, aber ständig wurden es mehr.
Immer wieder wurden Christen hingerichtet, weil sie den römischen Kaiser nicht als Gott anbeteten.
Thessalonich
Philippi
Sinope
Amastris
Rom
Kolossä
Athen
Ephesus
Antiochia
Korinth
Tarsus
Knossos
Tyrus
Cyrene
Alexandria
Jerusalem
Römisches Kaiserreich
Märtyrer („Blutzeuge")
Jemand, der bereit ist, für seinen Glauben zu sterben.

Doch dann geschah das Unfassbare: Der römische Kaiser Konstantin bekehrte sich zum christlichen Glauben...
313 n.Chr.
„In diesem Zeichen wirst du siegen."
Chi Rho
Anfangsbuchstaben von Christus
...und das Christentum war erlaubt! Römische Politik und christliche Kirche vermischten sich.
Ist das schlimm?
Jesus hätte das wohl nic
sehr gut gefunden.
POLITIK
Eine Religion
KAISERKULT
CHRIST
KIRCHE
Eine Religion
NICHTCHRISTLICHE RELIGIONEN
Ein Kaiser
Ein Papst
Ein Weltreich
ROM
Eine katholische (=alles umfassende) Kirche
ROM
Siehst du: Unsere katholische Kirche war eher da als eure!
Hatten die gleich von Anfang an einen Papst?

Zuerst war es einfach der Bischof von Rom. Allmählich entstand die Idee, dass dieser Bischof der Oberste der gesamten Kirche ist.
ROM
ROM
ROM
KONSTANTIN-OPEL (heute Istanbul)
„WESTROM"
„OSTROM"
Dazu kam: Kaiser Konstantin gab seinem Reich eine neue, christliche Hauptstadt und zog nach Osten.
UMZUGS-KARTON
Die Macht des weströmischen Reiches ging zu Ende...
ROM
476
KONSTANTINOPEL
...und die Kirchen in Ost und West gingen getrennte Wege...
Orthodox heißt **rechtgläubig**!
Römisch-katholische Kirche
Griechisch-orthodoxe Kirche
...bis es zur totalen Scheidung kam.
Katholisch heißt für **alle**!
1054
ROM
KONSTANTINOPEL
Dann sind wir Evangelischen gar nicht die erste Abspaltung?

Nein. Da reisen wir 500 Jahre weiter.
Amerika ist gerade entdeckt.
Große Unterschiede von arm und reich.
Angst vor Hölle und Weltuntergang.
Nur 10 Goldtaler: 1000 JAHRE WENIGER HÖLLENSTRAFEN!
Papst und Bischöfe leben in Saus und Braus, die römische Kirche braucht Geld. Da verkauft sie „Ablassbriefe".
Original PAPST®
In Zusammenarbeit mit Ihrem Bankhaus FUGGER
Sobald das Geld im Kasten klingt, die Seele aus dem Fegefeuer springt!
Das darf doch nicht wahr sein!
Das sagte auch der Augustinermönch und Theologieprofessor Martin Luther. Er veröffentlichte in Wittenberg:
GO TO 31. OKT. 1517
95 Thesen gegen den Ablass
Steht da drauf, dass du jetzt eine evangelische Kirche gründen willst?
Ach wo. Ich will keine neue Kirche. Ich will, dass sich die alte Kirche erneuert.
Aber es kam eben anders.
Schloss-Kirchenmaus

Mir reicht's! Ich fordere außerdem:
Nur die **Heilige Schrift**
alte Bräuche
Legenden
mündliche Überlieferung (Tradition)
Allein aus **Gnade** spricht Gott den Menschen frei von Schuld.
GRATIS
Gute Werke
Geld
Ablassbriefe
Allein durch den **Glauben**
Gesetze
Zwang
Angst
Das heißt: Vertrauen darauf, dass Christus **wegen mir** gestorben und auferstanden ist.
Währenddessen in Rom:
Heiliger Vater, das sind gefährliche Gedanken!
Ach was, Mönchsgezänk! Außerdem dürfen wir die Deutschen nicht verärgern.
95
LEO X.
Aber gerade die Deutschen hätten gerne eine Kirche ohne Papst!
Hm, stimmt. Na gut, machen wir einen Ketzerprozess gegen diesen Luther. Aber schön vorsichtig!

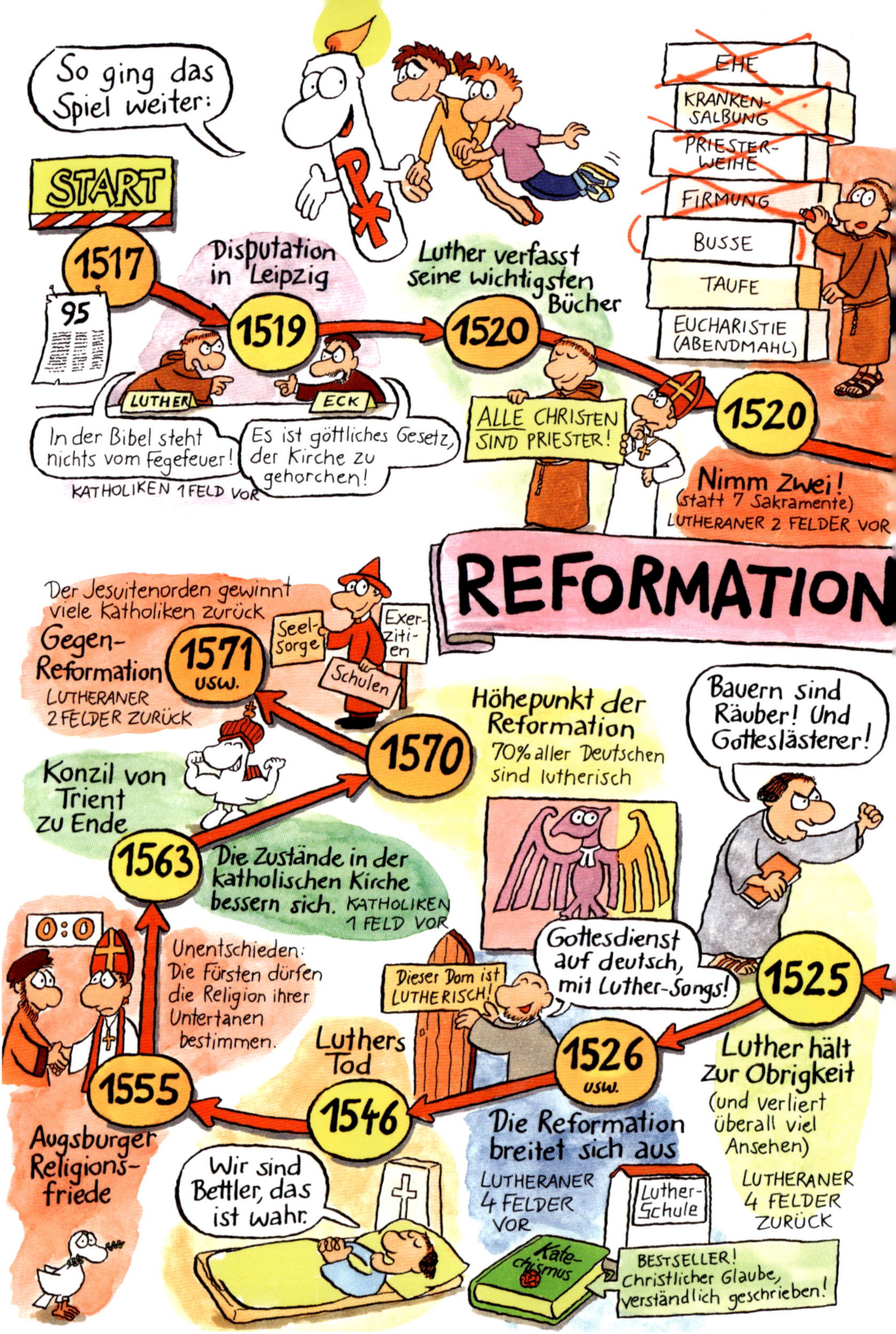

So ging das Spiel weiter:
START
1517
95
Disputation in Leipzig
1519
LUTHER
ECK
In der Bibel steht nichts vom Fegefeuer!
Es ist göttliches Gesetz, der Kirche zu gehorchen!
KATHOLIKEN 1 FELD VOR
Luther verfasst seine wichtigsten Bücher
1520
ALLE CHRISTEN SIND PRIESTER!
EHE
KRANKEN-SALBUNG
PRIESTER-WEIHE
FIRMUNG
BUSSE
TAUFE
EUCHARISTIE (ABENDMAHL)
1520
Nimm Zwei! (statt 7 Sakramente)
LUTHERANER 2 FELDER VOR
REFORMATION
Der Jesuitenorden gewinnt viele Katholiken zurück
Gegen-Reformation
1571 usw.
LUTHERANER 2 FELDER ZURÜCK
Seel-sorge
Exer-ziti-en
Schulen
1570
Höhepunkt der Reformation
70% aller Deutschen sind lutherisch
Bauern sind Räuber! Und Gotteslästerer!
Konzil von Trient zu Ende
1563
Die Zustände in der katholischen Kirche bessern sich. KATHOLIKEN 1 FELD VOR
0:0
Unentschieden: Die Fürsten dürfen die Religion ihrer Untertanen bestimmen.
1555
Augsburger Religions-friede
Dieser Dom ist LUTHERISCH!
Gottesdienst auf deutsch, mit Luther-Songs!
1525
Luther hält zur Obrigkeit (und verliert überall viel Ansehen)
LUTHERANER 4 FELDER ZURÜCK
1526 usw.
Die Reformation breitet sich aus
LUTHERANER 4 FELDER VOR
Luthers Tod
1546
Wir sind Bettler, das ist wahr.
Luther-Schule
Kate-chismus
BESTSELLER! Christlicher Glaube, verständlich geschrieben!

Streng genommen gibt es nur zwei sichtbare Zeichen Gottes. Die anderen stehen nicht in der Bibel.
Dann verbrenne ich gleich mal eure Bulle!
LUTHERANER 3 FELDER VOR!
Ausgestoßen aus der Kirche! Dein Kaiser darf dich zum Tod verurteilen!
1520
Luther bleibt hart
Bann
1521
Androhung des Banns
1520
Päpstliche Bulle
Alle Schriften Luthers sind sofort zu verbrennen!
KATHOLIKEN 3 FELDER VOR
Hier stehe ich, Gott helfe mir. Amen.
Reichstag in Worms
1521
Luther, du bist geächtet. Aber ich geb dir a freies Geleit
OPOLY
KARL V.
für die Freiheit von uns Christenmenschen!
Die rettende Entführung
1521
Luthers Landesherr lässt Luther zum Schein überfallen und bringt ihn auf die Wartburg.
Bauernkrieg
1525
ALLE MÜSSEN 3 FELDER ZURÜCK
Hiermit (er)finde ich die Pfarrfrau!
Bibel für alle!
1522
Verständliches Deutsch!
Auf der Wartburg übersetzt Luther das Neue Testament.
ALLE CHRISTEN 5 FELDER VOR
Ehelosigkeit ade!
Luther heiratet die ehemalige Nonne Katharina von Bora
1525
1524
Kutte ade!
Luther erklärt sein Mönchsgelübde für ungültig.
KATHOLIKEN 2 FELDER VOR

Luther, Luther, Luther! Das war ja wohl euer Superstar!
Gerade wollte ich erzählen, dass er nicht der einzige Erneuerer der Kirche war.
Johannes Calvin und Ulrich Zwingli nahmen sich die Kirche in der Schweiz vor.
Denen ging Luther nicht weit genug:
ZWINGLI IN ZÜRICH
CALVIN IN GENF
Was nicht in der Bibel steht, muss verschwinden!
Verschwinden muss nur, was der Bibel widerspricht!
Danke!
BILDER
BIBLIA
Sogar die Kerzen!
ALTÄRE
REFORMIERTE
LUTHERANER
PAPST
ZÖLIBAT
MÖNCHTUM
FEGEFEUER
Durch den Augsburger Religionsfrieden entstanden in Deutschland evang., kathol. und reformierte Gebiete. Das merkt man bis heute.
Na gut. Ab und zu eine Kerze.
Wo wohnen wir?
lutherisch
reformiert (heute: uniert)
katholisch
Seit dem 19. Jahrhundert haben sich Reformierte und Lutheraner zusammengetan zur „unierten" Kirche.
Na also!

Am wichtigsten ist für uns die Taufe mit dem **Heiligen Geist!**
Wir gelten als „die Mitte der Konfessionen."
Pfingstler
1870
Alt-katholiken
1870
Wir taufen nur Menschen, die sich **selbst** für Jesus entscheiden!
Wir sind gegen das Dogma von der Unfehlbarkeit des Papstes!
Methodisten
1744
Baptisten
1633
Erlösung wird nicht nur vermittelt durch Predigt und Abendmahl, sondern auch durch Bilder und den gesamten Gottesdienst!
Anglikanische Kirche
Lutheraner
Wir sind noch ziemlich katholisch, aber ohne Papst!
Reformierte
Römisch-katholische Kirche
IKONE
1517
Die Kirche spaltet sich immer weiter, als wär's eine ansteckende Krankheit!
Wir sind die ältesten Kirchen.
Orthodoxe Kirchen
Ist aber auch ein alter Baum!
Armenische Kirche
Koptische Kirche
1054
Zu den Ästen sagt man auch **Konfession** (=Bekenntnis).
536
300
Haltet euch fest! Wir tauchen in eine andere Dimension – in das Element, das alle diese Äste gemeinsam haben!
DER GROSSE KIRCHENBAUM CHRISTI

Wo sind wir?!
Unter Wasser!
Alles Leben kommt aus dem Wasser. Das gilt auch für die Religion.
Das Wort „Taufe" kommt von „tauchen". Das ist der Eingang zum Christsein: Der alte Mensch wird ersäuft...
...und aus dem Wasser gerettet zu werden, bedeutet: Neues Leben!
Aber echt!
?
Deswegen hat Jesus seinen Jüngern den Auftrag gegeben:
Da ist Licht!
Macht alle Menschen zu meinen Jüngern, tauft sie auf den Namen des Vaters, des Sohnes und des Heiligen Geistes, und lehrt sie meine Gebote.
Matthäus 28, 19+20
Ich bin evangelisch getauft.
Und ich katholisch!
Das gibt es eigentlich nicht. Die Taufe wird von **allen** Kirchen gegenseitig anerkannt.
Ich bin das **ökumenische** Sakrament.
Und frei! Man braucht nicht unbedingt einen Priester. Im Notfall darf jeder Christ taufen.
NOTTAUFE

Wer glaubt und getauft wird, der wird selig werden.
us dem Gottesdienst
Als Baby hab ich doch noch gar nicht geglaubt.
Aber deine Eltern.
Später sollt ihr dann eure Taufe bestätigen.
KONFIRMATION
JA meine Taufe war OK
FIRMUNG
DANKE, MA! DANKE, PA! DANKE, J.C.!
atte Luther die Firmung icht durchgestrichen?
Jeil sie nicht in der Bibel eht. Aber wichtig fand er sie schon.
Warum lässt man sich nicht einfach mit 13 nochmal taufen?
Weil das heißen würde: Die erste Taufe war nichts wert.
Nr. 1
Nr. 2
Ich bin unwiederholbar!
Und ich bin ein kleiner Bruder!
Ja. Bekreuzigen mit Weihwasser soll euch an eure Taufe erinnern.
Dich gibt's aber nur in katholischen Kirchen.
Luther hat sich auch bekreuzigt. Das hab ich gesehen!
Ich bin getauft...
1
2
...im Namen des Vaters...
3
...und des Sohnes...
4
...und des Heiligen Geistes.
5
Amen!

Das zweite superwichtige Sakrament ist die Eucharistie.
Wir sagen dazu „Abendmahl."
Hier gibt es aber Unterschiede, oder?
Brot (Hostien)
Wein
Und ob!
reformiert
lutherisch
katholisch
Brot und Wein sind...
...nur Symbole und Erinnerungszeichen.
...wirklich Leib und Blut Christi. Aber erst, wenn sie jemand verzehrt, der das glaubt.
...wirklich Leib und Blut Christi. Aber erst, wenn der Priester die Einsetzungsworte gesproch hat.
In der katholischen Messe ist dies der zentrale, wichtigste Moment.
Der Priester stellt dabei Christus dar.
Deshalb soll er (wie Jesus) ein unverheirateter Mann sein, der eine besondere Weihe erhalten hat.
Die Priesterweihe.
Darf bei den Evangelische jeder Abendmahl halten?
Nein, nur Pfarrerinner und Pfarrer. Aber nicht, weil sie Christus darstellen, sondern wegen der „guten Ordnung".

Bei der Eucharistie in der katholischen Kirche entsteht ein Problem: Wenn gewandelte Hostien übrig bleiben, bleiben sie ja Leib Christi.
Und, was geschieht mit denen?
Die kommen in so einen heiligen Schrank.
Das Tabernakel („heiliges Zelt").
Ich bin das „Ewige Licht" und zeige an, dass gewandelte Hostien da drin sind.
Wenn wir Katholiken eine Kirche betreten, machen wir deswegen eine Kniebeuge.
Ach, drum!
Am Fronleichnamsfest wird die gewandelte Hostie sogar durch den Ort getragen.
Das ist ein Fest, das haben nur wir.
Stark. Die volle Jesus-Demo!
Kommt, ich zeig euch was Komisches.

In unserer Gemeinde darf keiner einen Bart haben!
Wir nehmen nur Nichtraucher!
Sonntags predigen wir immer über den kleinen Prinzen.
Statt Brot und Wein nehmen wir Hamburger und O-Saft.
Wir glauben an Bäume!
Wir machen keine Taufe, sondern Bungee Jumping!
Ich übertreibe etwas. Aber die Frage ist: Woran erkennt man eine **richtige** christliche Kirche?
Solche Kirchen gibt es doch gar nicht!
1. Die richtige Austeilung der **Sakramente**
2. Die Übereinstimmung mit dem **Neuen Testament**
DIE BIBEL
Nirgends kommen wir dem Willen Jesu näher.
Nr. 1 und 2 sind ok.
Bei uns kommt noch etwas dazu:
3. Die Tradition („das Überlieferte")
evang.
kathol.
Das, was immer und von allen geglaubt wurde.
Heilige
Der Schatz von Erfahrungen
KIRCHEN VÄTER
Feste
Feiertage
Bräuche
Aber die Evangelischen haben doch auch Traditionen.
Ja, zum Beispiel, was die Pfarrer anhaben. Darüber steht doch bestimmt nichts in der Bibel.
Da habt ihr recht.
?
BIBEL

Den Talar hat König Friedrich Wilhelm III. 1811 eingeführt.
Für die Geistlichen, die im Straßenanzug Gottesdienst hielten!
Vorschrift:
ber solche Traditionen üssen immer wieder berprüft werden, b sie zur Bibel passen.
...und die Völker standen in weißen Kleidern... vor dem Lamm Gottes.
Offenbarung 7,9
BIBEL
Deswegen tragen jetzt immer mehr evangelische Pfarrer weiße Gewänder.
enau das meinte uther mit **Refor- ation** (=Erneuerung):
So gefallt ihr uns schon besser!
BIBEL
LUTHER Aktion gegen Auswüchse
ie Kirche muss **immer ieder** reformiert werden!
ie katholische Kirche aber sagt: Schrift und Tradition sind gleichwertig.
Nach katholischer **Tradition** war Petrus der erste Bischof von Rom.
Eine besonders wichtige Tradition beruht auf einem Satz Jesu:
Du bist Petrus, nd auf diesen elsen werde ich neine Kirche bauen!
Matthäus 16,18

...und dass dieses Amt ohne Unterbrechung durch Handauflegung weitergegeben wurde...
...bis heute! Das nennt man „apostolische Sukzession", also „Nachfolge der Jünger".
Petrus
Pius
Anicetus
Soter
Eleutherus
Viktor
Zephyrinus
Kallistos
Urban
Benedikt XVI.
Dazu braucht man besondere geistliche **Ämter**. Und ein Sakrament, bei dem sie weitergegeben werden: die **Weihe**.
Bischof von Rom = Papst
Bischofsweihe
Priesterweihe
Diakonenweihe
Die gibt es in drei Stufen, und so entsteht ein perfektes System:
Bischöfe
Priester
Diakone
Gemeinde
HIERARCHIE („heilige Herrschaft")
Sind ja nicht gerade viele Frauen dabei...
Da arbeiten wir dran. Wart nur ab!
Luther war ein Gegner dieser Hierarchie.

Bei euch gibt es ja auch Pfarrerinnen.
Ja. Es hat aber lange gedauert, bis evangelische Gemeinden das erlaubt haben.
Du bist also etwas typisch Evangelisches?
Das kann man wohl sagen!
Bei der Sukzession bewegen sich die Konfessionen aufeinander zu. Die Lutheraner haben seit 1919 wieder Bischöfe, und viele achten auf die Sukzession.
Bischof aus Schweden
Wie das denn?
Während der Reformation wurden in Skandinavien auch Bischöfe evangelisch. So ist dort die Sukzession nie abgerissen.
Schlau!
Mir gefällt das. Dadurch ist die Kirche irgendwie direkt verbunden mit Jesus und seinen Jüngern.
Stimmt. Um das zu zeigen, gibt es in fast jeder katholischen Kirche **12 Apostelkreuze**.
Die such ich! Das ist ein gutes Spiel.

Hoppla, was ist denn das für ein Kasten?
Der Beichtstuhl.
Da müsst ihr Katholiken immer rein und eure Sünden beichten.
Aber die Beichte (das Sakrament der **Buße**) gibt es auch bei euch!
Hm, Luther hatte „Buße" doch nur eingeklammert.
Buße
Weil es da kein sichtbares Zeichen gibt, sondern nur ein Wort:
Deine Sünden sind dir vergeben.
Matthäus 9,2
Jesus hat die Menschen von Schul befreit. Das ist eine seiner größten Taten.
Dazu braucht man doch aber nicht so eine Kiste.
Nein. Das Beichtgespräch mit dem Priester kannst du auch woanders führen.
Der Beichtstuhl hat den Vorteil, dass du dein Gesic nicht zeigen brauchst.
Entscheidend ist, dass du dir nicht selber die Last abnehmen kannst; sondern dass das ein anderer tut, im Namen Gottes.

GLAUBEN
BARMHERZIGKEIT
GEBOTE
MUT
LIEBE
GEDULD
Puh! Ob ich das alles jemals schaffe?
Vielleicht helfen dir **Vorbilder**: Männer und Frauen, die ihren Glauben in ganz besonderer Weise gelebt haben.
Ah ja, die Heiligen!
Manche kenne ich auch.
Nach dem bin ich benannt!
Hildegard von Bingen
Franz von Assisi
Martin von Tours
Elisabeth von Thüringen
Benedikt von Nursia
und über 1000 andere
Viele haben ihren mutigen Glauben mit dem Leben bezahlt.
Ohne sie wäre die Kirche vielleicht untergegangen.
Zum Zeichen dafür ist im Altar einer katholischen Kirche ein Stück Knochen eines Heiligen eingemauert.
Eine „Reliquie".
Bisschen gruselig, oder?
Früher haben die Christen manchmal mehr zu den Heiligen gebetet als zu Gott.
Deswegen habe ich die Heiligenbilder aus den Kirchen schaffen lassen!
Heutzutage dürfte die Heiligenverehrung aber kein großes Hindernis mehr sein, oder?

Eine besondere Stellung unter allen Heiligen hat Maria, die Mutter Jesu.
Bei euch doch auch, oder?
?
Viele Evangelische sehnen sich nach der weiblichen Seite Gottes...
... aber die katholische Marienfrömmigkeit lassen sie dabei weg.
unbefleckte Empfängnis
Marias Himmelfahrt
Ave Maria
Rosenkranzgebet
nur für Katholiken
Na ja, vieles bei euch ist mir fremd. Vor allem beim Gottesdienst.
Das liegt wahrscheinlich daran:
Bei der katholischen Messe immer dabei, bei Evangelischen etwa einmal im Monat.
Bibel küssen
Ministranten
Gewänder
teilweise andere Lieder
Klingel
Weihrauch
Kniebank
Kreuz schlagen
Kniebeuge
Danke, dass du Schuld vergibst!
5 Gloria
Herr, erbarm dich!
4 Kyrie
Das alles, Gott, bringen wi an Lasten mit...
Der Ablauf des Gottesdienstes kann aber bei beiden Konfessionen verblüffend gleich sein. Mit der Zeitmaschine rasen wir mal durch.
2 Buße
Eingangsteil
START
1 Einzug und Begrüßung

Segen
Dankgebet
Austeilung
Christe, du Lamm Gottes...
Friede sei mit dir!
Friedensgruß
Vater unser...
Gebet
Du schenkst uns das Brot...
Gabengebet
Es ist würdig und recht...
Präfation (feierliches Lobgebet)
Heilig, heilig, heilig!
Sanctus
Das ist mein Leib...
Einsetzungsworte
Deinen Tod, o Herr, verkünden wir...
Geheimnis des Glaubens
Sakramentsteil
...Amen.
Wortteil
6 Gebet
7 Lesungen
Wir predigen gleich hier, vom Lesepult aus.
Bei uns ist die Predigt sehr wichtig. Deshalb stelle ich mich dazu auf die **Kanzel**.
9 Predigt
Ich glaube an Gott...
8 Glaubensbekenntnis
auchzet dem errn, alle Welt...
3 Psalmgesang (Introitus)
Ist das echt alles so ähnlich?!
Da könnten wir doch gleich zusammen feiern.
Na ja, Vorsicht. In vielen Teilen von Deutschland wird der evangelische Gottesdienst sehr verkürzt. Aber möglich wäre vieles!

Ach, es ist soo vieles in beiden Konfessionen gemeinsam...
...das nennt man dann „ökumenisch".
ÖKUMENE = „der ganze Weltkreis"
Was uns verbinde ist viel stärker als das, was uns trenn
(Papst Johannes XXIII)
Was ist denn wirklich „ökumenisch"?
Zum Beispiel die Bibel!
UNSER FUNDAMENT
Ihr müsst nur wissen: Diese 7 spätjüdischen Schriften hat Luther in seine Übersetzung nicht hineingenommen.
...und am Ende des Neuen Testaments hat er zwei Briefe umgestellt:
Tobit
Judit
Weisheit
Baruch
1.+2. Makkabäer
Jesus Sirach
Deutero-kanonische Bücher („Apokryphen")
kathol.:
Philemon
Hebräer
Jakobus
1.+2. Petrus
1+2+3. Johannes
Judas
evang.:
Philemon
1.+2. Petrus
1+2+3. Johannes
Hebräer
Jakobus
Judas
Ein schwieriges Thema ist allerdings, wenn zwei aus verschiedenen Konfessionen heiraten.
Meine Eltern sind evangelisch und katholisch.
Meine auch!
Und? Wie geht das dann?

Der evangelische Partner kann sich nach katholischem Ritus trauen lassen.
Der katholische Partner aber braucht offiziell eine Genehmigung, um in einer evangelischen Kirche zu heiraten.
Sind Sie sich bewusst, dass Sie die Pflicht haben, Ihre Kinder in der katholischen Kirche taufen zu lassen und im katholischen Glauben zu erziehen?
DISPENS
Deine Eltern haben sich aber nicht daran gehalten!
Können das nicht beide Pfarrer gemeinsam machen?
Es gibt eine Trauung in einer evangelischen Kirche mit Beteiligung eines katholischen Pfarrers...
...und umgekehrt. Eine echt ökumenische Trauung gibt es leider nicht.
Trotzdem: Solche Ehen wie die eurer Eltern gefallen mir.
Warum denn?
Weil sie uns meinem Traum näher bringen...

Ich träume vom gemeinsamen evangelisch-katholischen Religionsunterricht.
Super Idee!
Frau Kollegin, dann wird unser Fach so eine Art ...Mischehe?!
Ich habe einen Traum!
GOTO ZUKUNFT
Ich träume von echten ökumenischen Trauungen.
Und unsere Kinder erziehen wir evangolisch...
...oder kathelisch!
Ich träume, dass es auch verheiratete Priester gibt.
Bald wird er noch von Priesterinnen träumen!
Das will ich auch hoffen!
Ich träume vom ersten katholisch-evangelischen Konzil.*
Mal unter uns: Wir müssen das machen, weil uns sonst die Leute davonlaufen.
Ganz im Vertrauen: Bei uns ist es genauso.
Und wer träumt von mir?
* Eine Versammlung der allerobersten Kirchenleute

Ich träume davon, dass die Konfessionen voneinander lernen.
Ihr habt recht: Die Bibel muss das A und O für uns Christen sein!
Ihr habt recht: Unser Herz braucht Sakramente und Heilige, wie etwa Maria!
Die katholische Kirche hat sich unumkehrbar dazu verpflichtet, den Weg der Suche nach der Ökumene einzuschlagen.
(Papst Johannes Paul II.)
Ich träume nicht von einer künstlich zusammengeflickten Kirche.
Gott sei Dank!
Ich träume davon, dass alle gerne in die Kirche gehen.
Ich träume von einem Fest unter den Zweigen der großen alten Bäume...
Ich bin froh, dass ich hier dazugehöre!
Ist ja proppenvoll hier!
...dem Fest der gemeinsamen Eucharistie!
FAHRKARTEN ZUM EVANGELISCHEN KATHOLIKENTAG

Ich glaube

an Gott, den Vater, den Allmächtigen,
den Schöpfer des Himmels und der Erde

und an Jesus Christus,
seinen eingeborenen Sohn, unseren Herrn,
empfangen durch den Heiligen Geist,
geboren von der Jungfrau Maria,
gelitten unter Pontius Pilatus, gekreuzigt, gestorben und begraben,
hinabgestiegen in das Reich des Todes,
am dritten Tage auferstanden von den Toten,
aufgefahren in den Himmel;
er sitzt zur Rechten Gottes, des allmächtigen Vaters,
von dort wird er kommen, zu richten die Lebenden
und die Toten.

Ich glaube an den Heiligen Geist,

die heilige **katholische** **christliche**

Kirche, Gemeinschaft der
Heiligen, Vergebung der Sünden,
Auferstehung der Toten
und das ewige Leben.

Amen.

Tiki